글 녹색연합 1991년 창립된 우리나라의 대표적인 환경운동 단체입니다. '생명 존중, 생태 순환형 사회, 비폭력 평화, 녹색자치'를 실현하기 위해 백두대간 보전 활동, 야생동식물 보호 활동, 생태공동체 운동, 반핵 운동, DMZ 보호 활동, 군기지 환경 문제 대응, 대안에너지 보급 활동 등을 하고 있습니다. 《점박이물범, 내년에도 꼭 만나!》 진행에는 녹색연합 정명희 님이 애써 주셨습니다. "함께 열어 가는 푸른 미래, 녹색연합이 꿈꾸는 세상입니다."

그림 남성훈 홍익대학교 회화과를 졸업했습니다. 〈국립생물자원관〉에서 주최한 "자생 동식물 세밀화 공모전"에서 수상(2회, 3회)한 적이 있고, 한국안데르센 특별상(2007년)을 받기도 했습니다. 지금은 〈바퀴달린그림책〉에서 어린이 작가들이 세상에서 하나밖에 없는 그림책을 만드는 데 도움을 주고 있습니다. 그림책 《어깨동무 내 동무》를 펴냈습니다.

감수 고래연구소 농림수산식품부 국립수산과학원 산하 고래연구소는 한반도 연해의 고래류와 여러 해양포유류를 연구하고 있습니다. 바닷가에 떠밀려 온 고래나 어부의 그물에 잘못 잡힌 고래도 살펴보고, 고래 관광이 가능한지 알아보는 일도 합니다. 고래류와 사람이 어떤 역사적, 문화적 연관을 갖고 있는지도 살펴보지요. 물범 및 물개류의 보존과 관리와 관련한 연구도 하고 있습니다. 이 책 《점박이물범, 내년에도 꼭 만나!》의 감수는 박태건 박사님이 애써 주셨습니다.

● 이 책은 "녹색연합과 함께하는 대한민국 깃대종" 시리즈의 첫째 권입니다.
깃대종이란 1993년 국제연합환경계획(UNEP)이 발표한 개념으로, 생태계의 여러 종 가운데 사람들이 중요하다고 믿고 보호해야 한다고 생각하는 생물종을 가리킵니다. 한 지역의 생태적, 지리적, 문화적 특성을 반영하는 상징적인 동식물입니다. 시베리아호랑이, 팬더, 코알라, 두루미 등 국제적인 깃대종이 있는가 하면, 강원도 홍천의 열목어, 울산 태화강의 각시붕어, 의왕시의 올빼미, 충북 괴산의 미선나무, 덕유산 반딧불이 등 한국 깃대종도 있습니다.

● "웃는돌고래"는 《점박이물범, 내년에도 꼭 만나!》 수익금의 일부를 녹색연합에 기부합니다.

**점박이물범,
내년에도 꼭 만나!**

첫 번째 찍은 날 | 2012년 4월 22일
다섯 번째 찍은 날 | 2015년 12월 17일

글 녹색연합 | 그림 남성훈 | 감수 고래연구소
펴낸이 이명희 | 펴낸곳 도서출판 이후 | 편집 김은주, 신원제, 유정언 | 마케팅 김우정
표지 및 본문 디자인 | (주)끄레 어소시에이츠

글 ⓒ 녹색연합, 2012   그림 ⓒ 남성훈, 2012

등록 | 1998. 2. 18(제13-828호)   주소 | 121-754 서울시 마포구 양화로 156, 1229호 (동교동, 엘지팰리스빌딩)
전화 | 대표 02-3144-1356 팩스 02-3141-9641   블로그 | http://blog.naver.com/dolphinbook   트위터 | @SmilingDolphinB
ISBN | 978-89-966631-8-8 77810
이 도서의 국립중앙도서관 출판시도서목록(CIP)은 e-CIP 홈페이지(http://www.ni.go.kr/cip.php)에서 이용하실 수 있습니다.
(CIP 제어번호: CIP 2012001546)
이 책은 저작권법에 의해 보호를 받는 저작물이므로 무단 전재와 복제를 금합니다.

꽃의 걸음걸이로, 어린이와 함께 자라는 웃는돌고래
웃는돌고래는 〈도서출판 이후〉의 어린이책 전문 브랜드입니다.
어린이의 마음을 살찌우고, 생각의 힘을 키우는 책들을 펴냅니다.

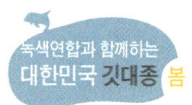
녹색연합과 함께하는
대한민국 깃대종 봄

점박이물범,
내년에도 꼭 만나!

글 녹색연합 | 그림 남성훈 | 감수 고래연구소

웃는돌고래

안녕? 나는 범이라고 해.
백령도에 살아.

백령도가 어디냐고?
인천에서 배를 타고 4시간 더 가야 나오는 섬이야.

아하, 알겠다고?
폭탄 떨어져서 사람들 죄다 도망나온 섬 아니냐고?

우리 섬이 얼마나 아름다운지
와 보지도 않고 꼭 그런 얘기부터 하더라.

내가 사는 마을 바로 앞에 있는
사곶 해수욕장은 모래가 엄청 단단해.
한국전쟁 때는 유엔군이 비행장으로도 썼대.
천연기념물 391호지.

남포리 콩돌 해안은 또 어떻고.
8백 미터 해안이 온통 땡글땡글 뺀질뺀질 콩알 같은 자갈로 가득이야.
파도가 어루만질 때마다 자그락자그락 달그락달그락
멋진 음악을 연주해.
천연기념물 392호로 지정됐어.

진촌리 현무암 바닷가도 멋져.
용암이 터질 때
땅 속 수십 킬로미터 아래에 있던 감람암이
같이 쏟아져 나왔다지 뭐야.
그래서 감람암을 품은 현무암이래.
지리학자들이 자꾸만 와서 대단하다고 감탄해.
여긴 천연기념물 393호.

🐦 천연기념물: 자연 가운데 학술적으로, 자연사적으로, 지리학적으로 중요한 동식물이나
일정한 구역을 보호하기 위해 법으로 지정한 것을 말해. 특별한 보호가 필요한 귀하고 아름다운 자연이야.

그치만 우리 섬에서 내가 가장 자랑하고 싶은 건 바로,
점박이물범이야.
천연기념물 331호!

점박이물범은 추운 겨울에 얼음이 꽁꽁 어는 중국 바다까지 올라가
새끼를 낳고, 봄이 되면 백령도로 돌아와.

짜디짠 바닷물까지 얼 정도로 추운 중국의 겨울은
새끼 물범을 노리는 큰 짐승들도 그만큼 적고 접근도 어려워서 번식에 좋거든.

우리 할아버지는 겨우내 비어 있던 물범바위가
봄이 되어 물범들로 가득 차면 그렇게 반갑더래.

할아버지 어렸을 때는
점박이물범들이 둥근 자갈이 많은 하니 바닷가까지 와서 쉬었대.
할아버지가 바닷가에서 깜빡 잠들었다 깨면
물범들이 옆에서 같이 햇볕 쬐고 있었다지 뭐야.

"옛날엔 얼음 타고 둥둥 떠내려오는 놈들도 있었지.
그 먼 데서 헤엄쳐 오려면 얼마나 힘들겠어?
그러니 꾀가 아주 많은 놈들 아니겠니?"

할아버지는 늘 점박이물범이 영리하다고 해.
언젠가 고기 그물에 걸린 물범을 풀어 줬더니,
선물로 볼락 한 마리를 툭 던져 주고 간 적도 있대.

"저기 보이는 장산곶이 할애비 고향이란다.
고향을 앞에 두고도 못 가는 신세,
물범 보면서 마음이나 푸는 거지……"

북녘땅에 맘대로 오가는 물범이 부러워서
내 이름도 범이로 지은 거래.

할아버지는
물범 타고 고향에 가는 꿈까지 꿨대.

아빠도 어렸을 때는 물범이랑 같이 놀았대.
눈만 뜨면 바다에 들어가 놀았는데,
가끔, 아이들 노는 곳까지 헤엄쳐 오는 물범도 있었던 거지.

아빠가 쓴 물안경을 한참이나 빤히 들여다보면서
'못 보던 앤데? 눈이 희한하게 생겼네.'
궁금해하는 눈치더래, 히히.

자기처럼 물범인가 아닌가, 아빠 오리발도 툭툭 건드렸대.

아빠는 죽은 채 떠밀려 온 점박이물범도 봤어.
옛날에는 물범이 물 밖으로 내민 동그란 머리를 보고,
해안을 지키는 해병들이 적군이 아닌가 싶어 총을 쏜 적도 있대.
고기잡이 배랑 부딪히거나
상어에게 물린 채 뭍으로 떠밀려 오기도 했지.

바닷가에 올라와 햇볕을 쬐다가 사람들에게 잡혀 죽기도 했어.
물범은 약으로 쓸 수 없는데도, 약이 되는 물개인 줄 착각한 거야.

사람들이 무서워진 점박이물범들은 점점
하늬 바닷가에 올라오지 않게 됐어.

나는 오늘에야,
태어나 처음으로 물범을 만나러 가.
지금까지는 너무 어리다고 배에 못 탔거든.

물범들아, 안녕?

"아빠, 저 물범은 점무늬가 꼭 북두칠성 같아요."

아까부터 우리 배 주위를 돌고 있는 새끼 물범을 두고 하는 말이야.
점박이물범들은 저마다 다른 점무늬를 갖고 있지.
내 마음에 쏙 들어온 그 물범은 북두칠성 점무늬가 새겨져 있어.

"쟤는 이제부터 별이에요. 어디에서든 한눈에 알아볼 수 있을 거예요."
"그래그래, 동생 삼든지!"

할아버지랑 아빠가 하하 웃으니까, 별이가 눈을 반짝 뜨고 쳐다봐.

그런데 이상한 건 물범바위 물범들이
투닥투닥 싸움질을 하는 거야.
"바닷가가 이렇게 넓은데, 바보들!"

넓은 하늬 바닷가를 두고 물범바위에만 옹기종기 붙어서 싸우는 건,
바닷가에 갔다가 사람들에게 해를 입을까 무서워서야.

겨울이 오기 전에 털갈이를 끝내려면
볕에 털을 잘 말려야 하는데,
물범은 많고 바위는 좁은 거야.
힘센 대장 물범이 가장 좋은 자리, 그 아래 물범들이 다음 좋은 자리,
약하고 힘없는 물범들은 물속에서 올라오지도 못하고 눈치만 봐.

넓은 하늬 바닷가에 맘놓고 드나들게 해 줄 방법은 없을까?

할아버지와 아빠가 통발을 다 걷은 뒤 섬으로 돌아왔어.
"범이구나! 놀래미 큰놈 잡았네?"
선착장 마을에 사는 영철이네 할머니가 통발을 보더니 그래.
"그집 통발은 멀쩡해? 우리 통발은 아, 그눔의 물범들이
괴기를 쏙 빼 먹고 달아났지 뭐여.
까나리 그물도 찢어 놓고. 썩을 것들!"

🐦 통발: 물고기를 잡을 때 쓰는 도구인데, 입구가 좁아서 일단 통발 속에 들어간 물고기는 출구를 찾지 못해 잡히고 말아. 예전에는 대나무나 싸리나무로 만들었어.

할머니가 물범한테 싫은 소리를 하니, 마음이 아파.
물범들한테 한글을 가르칠 수 있다면
바다 속에 팻말이라도 써 붙일 텐데…….

물범들도 예전만큼 먹을 게 쉽게 잡히질 않아 그런걸.

별이를 보고 온 뒤로는 자꾸만 아빠를 따라가겠다고 졸랐지.
그런데 오늘도 나를 버려 두고 그냥 가 버렸어!
파도가 세서 위험하대.
그까짓 파도쯤 문제도 아닌데, 쳇.
하늘 바닷가에나 놀러가야겠어.
이런 날이면 재미난 것들이 많이 떠내려오거든.

바닷가 저만치에 길쭉하고 까만, 풍선 같은 게 보여.
어! 그 풍선처럼 생긴 게 막 움직이네?

가만 보니, 새끼 물범이 까만 비닐봉지를 뒤집어쓰고 있어.

'답답할 텐데, 벗겨 줄까? 물리면 어쩌지?
어른들을 불러 올까? 그동안 숨 막혀 죽으면 어떡해?'

새끼 물범이 비닐봉지 속에서 애처롭게 울어.
그래, 조금 무섭지만 용기를 내 보자!

놀랄까 봐 조심스레 물범 등을 쓰다듬었어.
무서운지, 달달달 떨고 있더라고.

"해꼬지하려는 거 아니야. 도와줄게."

한 손으로는 쓰다듬고, 한 손으로는 봉지를 잡았어.
그러고는 천천히 벗겨 냈지.
동그랗고 커다란 물범 눈이 잔뜩 겁을 먹어 더 커다래졌어.

어! 별이잖아!
북두칠성 점무늬가 그제야 눈에 들어왔어.
별이도 나를 빤히 쳐다봐.

"별아, 미안해! 사람들이 바다에 뭘 자꾸 버려서 그래.
저런 건 위험하니까 앞으로는 절대절대 가까이 가지 마. 알았지?"

별이는 천천히 바다로 헤엄쳐 갔어.
한참을 가더니 돌아서 나를 또 빤히 봐.
나는 별이한테 손을 흔들면서 소리쳤지.

"쓰레기도 조심하고, 백상아리도 조심해야 해!
겨울 오기 전에 털갈이도 잘 해!"

파도에 일렁이며 조금씩 작아지는 별이를
오랫동안 바라보고 있었어.

가을이 가고 있어.
우리 섬은 북쪽이라 겨울도 일찍 찾아와.

"범아, 오늘 바다에 같이 나갈래?"
웬일인지 아빠가 먼저 배에 태워 주겠다고 해.
"물범들이 중국으로 올라가기 전에 인사라도 해 두렴."

모자도 쓰고 털 잠바까지 챙겨 입었는데도
얼굴은 얼얼하고 손은 꽁꽁 시려.
별이가 견뎌야 할 겨울은 얼마나 더 추울까?

물범바위는 제법 한산해졌어. 벌써 많이들 떠났나 봐.
엔진을 끄고 한참을 기다렸어.
별이를 볼 수 있을까?

"이제 그만 가야겠다. 그러다 감기 걸리겠어."
"아빠, 조금만요. 조금만 더요."

바로 그때 배 옆으로 물범 한 마리가 고개를 내밀어.
별이야!

"별아! 잘 가! 내년 봄에 또 만나자. 건강하게 돌아와!"

별이는 물속으로 들어갔다가,
다시 머리를 내밀었다가, 또 자맥질해 들어가.
인사라도 하는 것처럼.

ⓒ김은주

점박이물범에 대해 더 알아볼까요?

 땅에서 살다 바다로 간 동물이래요

물범은 아주아주 오래전에는 땅에 살았던 동물이에요. 그러다 점점 바다로 내려가 생활하면서 바다 생활에 맞게 진화했죠. 그래서 땅에서 살았던 흔적인 발과 바다 생활하면서 생긴 지느러미가 모두 있는 지느러미발이 있어요. 이런 동물들을 한자말로는 기각류(지느러미 기鰭, 다리 각脚)라고 하는데 물범 말고도 물개나 바다사자, 바다코끼리가 모두 기각류예요.

물범의 앞다리는 지느러미 모양을 하고 있지만 발가락과 발톱이 모두 있는 발이고, 뒷다리는 헤엄치기 알맞게 지느러미 모양이에요. 뒷다리 사이엔 꼬리도 남아 있고 피부 속에는 무릎이나 정강이 같은 관절도 있대요. 그래서 땅과 바다를 오가며 살 수 있는 거예요.

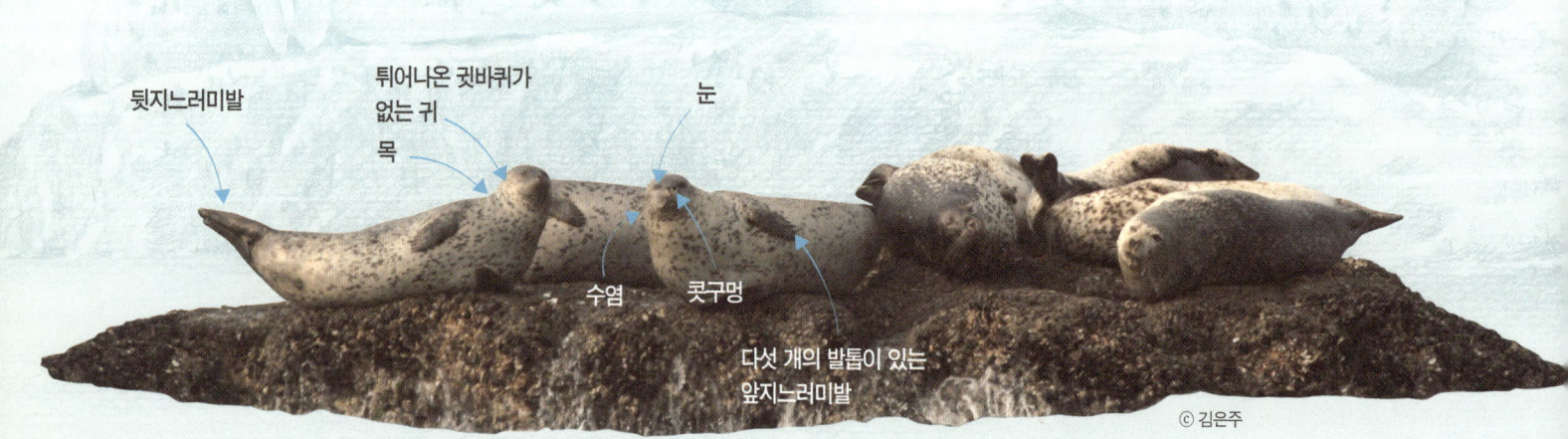
ⓒ김은주

어떻게 생활할까요?

물범이 육지에서 생활하다 바다로 간 동물이라고 했지요? 그래서 물범은 물고기와 달리 아가미가 없어요. 오랫동안 잠수를 할 수는 있지만 숨을 쉬려면 꼭 물 밖으로 나와야 해요. 새끼도 물 밖에서 낳고요. 물범은 일 년에 한 번, 새끼 한 마리를 낳아요.

새끼는 한 달 정도 엄마젖을 먹으면서 자라는데, 은회색 털이 기다란 양털처럼 나 있어요. 태어나 두세 달이 지나면 털갈이를 해요. 부드럽고 짧은 털이 있어 겨울 추위도 거뜬히 날 수 있어요. 태어났을 때는 키가 80센티미터 정도지만 다 크고 나면 160~170센티미터가 돼요. 몸무게는 100킬로그램 정도고요.

주로 물고기나 큰 플랑크톤을 먹는데 백령도에선 우럭이나 까나리를 아주 잘 먹어요. 발이 있기는 해도 퇴화되어 땅에서 걸어 다닐 수는 없고요, 자벌레처럼 기어다녀요. 얼음 위에서는 앞지느러미발, 뒷지느러미발을 빠르게 젓기도 하고 뱀처럼 몸을 좌우로 구부려 움직이기도 한대요.

백령도 점박이물범은 이렇게 살아요

물범에는 여러 종류가 있는데 백령도에 사는 범이의 친구는 바로 점박이물범이에요. 백령도의 점박이물범은 차가운 얼음바다 위에서 새끼를 낳아요. 그래서 겨울이 찾아올 무렵 새끼를 낳으러 얼음바다가 있는 중국의 랴오둥만으로 가요. 거기서 새끼를 낳고 키우다 봄이 오는 3월에 다시 백령도로 돌아오죠.

사람마다 지문이 다른 것처럼 점박이물범의 무늬는 모두 달라요. 그래서 무늬를 보고 구분할 수 있어요.

점박이물범이 바위 위에 올라와 있는 건 털갈이를 하기 위해서예요. 볕이 좋은 날 바위 위에서 일광욕을 해야 체온이 높아지고 혈액 순환도 잘 돼 털갈이를 할 수 있대요. 앞발이 짧은 점박이물범은 바위 위에 올라오는 것도 힘들어요. 밀물 때 바닷물이 바위 위까지 올라오면 헤엄쳐서 바위 위에 자리를 잡아요. 그곳에서 바닷물이 빠지는 썰물 때까지 기다리는 거죠. 그러면 편하게 바위 위에 올라 햇볕을 쬘 수 있어요. 머리가 좋지요? 바위 위에서는 좋은 자리를 차지하기 위해 서로 싸우기도 하고 밀어내기도 한대요.
점박이물범은 똥은 물 속, 물 밖에서 다 누고 오줌은 물 밖에서만 누는데요. 오줌 냄새가 지독해서 앉았던 자리 근처에만 가도 냄새가 난대요. 똥은 꼭 돼지 똥처럼 생겼어요. 백령도에선 점박이물범을 '옴피기'라고 부르기도 했어요.

 물범과 물개가 헷갈린다구요?

많은 친구들이 물범을 보고 물개라고 해요. 물개도 물범처럼 기각류라서 비슷해 보이기는 해요. 기각류에는 물범과, 바다사자과, 바다코끼리과가 있어요. 우리나라에 살았던 기각류 중 물범과에는 고리무늬물범, 띠무늬물범, 점박이물범 등이 있고요. 어떻게 이런 이름이 붙었는지는 금방 알겠지요? 바로 고리 무늬, 띠 무늬, 점박이 무늬가 있어 붙여진 이름이에요. 바다사자과에는 큰바다사자, 바다사자, 그리고 여러분이 잘 아는 물개가 있지요. 바다코끼리과는 아쉽게도 우리나라에 살고 있지 않아요.
그런데 이제는 물범과 동물들이나 바다사자과 동물들도 우리나라에서 더는 찾아보기 쉽지 않아요. 점박이물범과 물개 정도만 남아 있지요. 일제강점기만 해도 바다사자가 독도 주변에 많이 살았어요. 우리나라에선 바다사자를 '강치'라 불렀는데, 일제강점기 때 일본 사람들이 '강치'를 마구 잡아갔다고 해요.
참, 물개와 물범을 어떻게 구분하냐고요? 귀를 보면 돼요. 물개는 귓바퀴가 밖으로 나와 있어요. 사람처럼요. 하지만 물범은 귓구멍만 있고 귓바퀴는 없답니다. 또 물개는 앞지느러미발이 길어서 박수를 칠 수 있지만, 물범은 짧은 편이라 박수는 무리예요.

 점박이물범을 지켜 주세요

1940년대까지 서해안에는 8천 마리 가까운 점박이물범이 살았대요. 그러나 최근에는 200마리에서 250마리 정도로 줄었어요. 과거에는 너무 많이 잡아들여서 문제였고 최근에는 지구온난화로 날씨가 따뜻해지면서 새끼를 낳을 얼음바다가 점점 사라지고 있어서 문제예요. 여전히 중국에서는 새끼 물범의 털을 얻기 위해 함부로 잡는 일도 많고요.

백령도에서는 점박이물범이 어부들이 쳐 놓은 그물을 망가뜨리기도 하고 미역이나 다시마가 자라는 바위 위에 냄새 나는 오줌을 누곤 해서 좋아하지 않는 사람들도 있어요. 또 백령도는 북한과 맞닿아 있는 섬이라, 행여라도 평화가 깨지면 물범들도 편히 쉴 곳을 잃고 말아요.

점박이물범을 지키기 위해 가장 중요한 건 점박이물범과 같이 살아가는 사람들이 점박이물범을 좋아하고 아껴 주는 거예요. 그러려면 우리 친구들도 점박이물범을 동무처럼 여겨야겠지요? 지구온난화를 막아서 얼음바다가 녹지 않도록 하는 것도 중요해요. 그러려면 전기도 아껴 쓰고, 환경을 생각해 물건을 함부로 낭비하지 않아야겠지요?

 ## 녹색연합과 함께 점박이물범을 지켜요

녹색연합은 점박이물범 같은 야생동물을 지키는 활동을 하고 있어요. 백령도에서 점박이물범이 얼마나, 어떻게 살아가고 있는지 늘 조사하지요. 잘 알아야 지킬 수도 있으니까요. 그리고 누구보다도 백령도에 사는 친구들이 점박이물범을 잘 알고 보호할 수 있도록 교육도 해요. 점박이물범을 보고 싶은 사람들을 위해 생태 관광도 진행하는데요. 생태 관광은 자연을 해치거나 귀찮게 하지 않으면서 자연을 체험하는 여행이에요. 더불어 그 지역에 사는 사람들에게도 도움이 되도록 애써요. 점박이물범은 천연기념물로, 멸종위기종으로도 지정되어 있지만 좀 더 적극적인 보호 대책이 필요하답니다. 그래서 정부에 여러 가지 정책을 제안해 왔지요. 하지만 가장 중요한 건 우리가 점박이물범 같은 야생동물을 우리와 함께 지구별에서 살아가는 소중한 친구로 생각하는 거랍니다.